BEI GRIN MACHT SICH IHR WISSEN BEZAHLT

- Wir veröffentlichen Ihre Hausarbeit,
  Bachelor- und Masterarbeit

- Ihr eigenes eBook und Buch -
  weltweit in allen wichtigen Shops

- Verdienen Sie an jedem Verkauf

Jetzt bei www.GRIN.com hochladen und kostenlos publizieren

Bibliografische Information der Deutschen Nationalbibliothek:

Die Deutsche Bibliothek verzeichnet diese Publikation in der Deutschen National-
bibliografie; detaillierte bibliografische Daten sind im Internet über http://dnb.d-
nb.de/ abrufbar.

Impressum:

Copyright © 2016 GRIN Verlag, Open Publishing GmbH
Druck und Bindung: Books on Demand GmbH, Norderstedt Germany
ISBN: 9783668385580

Dieses Buch bei GRIN:

http://www.grin.com/de/e-book/351848/verkaufsmanagement-kundenorientierung-
und-controlling-fuer-ein-racket-studio

Kristina Ehrlich

Verkaufsmanagement, Kundenorientierung und Controlling für ein Racket-Studio

GRIN Verlag

Deutsche Hochschule für

Prävention und Gesundheitsmanagement

Hermann Neuberger Sportschule 3

66123 Saarbrücken

Einsendeaufgabe

Fachmodul: Verkaufsmanagement

Studiengang: BFT

Datum
Präsenzphase: 20.07.2016 – 22.07.2016

Name, Vorname: Ehrlich, Kristina

Studienort: **Köln**

Semester: **3**

1

Inhaltsverzeichnis

1 Verkaufsmanagement

Tabelle 1: Klassifizierung/ Einordnung des Ausbildungsbetriebs

Name der Anlage und Standort:	Sport- und Gesundheitszentrum X
	Klassifizierung/ Einordnung
Anlagenstruktur:	Racket-Studio
Größe der Anlage:	2500 bis 4000 qm
Preisstruktur der Anlage:	30,00 € bis 59,99 €
Beschreibung der Kernleistungen:	Verkauf von Mitgliedschaften, Kraft- und Cardiotraining, Gruppenkurse, Physiotherapie, Ernährungsworkshop, Tennis, Squash, E-Gym, TRX, Magnetfeldtherapie, etc.

1.1 Verkaufsorganisation

Der Verkaufsprozess der Kernleistung im Studio ist der Verkauf von Mitgliedschaften. Die einzelnen Stufen sehen wie folgt aus: Zunächst wird mit dem Kunden ein Termin vereinbart. Zudem werden bei der Vereinbarung bereits Informationen, wie zum Beispiel die Telefonnummer, das Alter oder ein bestimmtes Anliegen, falls vorhanden, vom Servicemitarbeiter notiert und an den Berater weitergegeben, sodass sich dieser zum Termin gut vorbereiten kann.

Bei „Walk-Ins" ist jedoch so eine Vorbereitung nicht möglich. Wenn der Verkäufer bei einem Walk-In Zeit hat, wird der Kunde auch ohne einen vereinbarten Termin beraten. Sobald der Verkäufer auf den Kunden zugeht, kommt es zur Begrüßung mit Handschlag, Augenkontakt und Vorstellung mit Namen. Es wird etwas zu trinken angeboten und daraufhin in einen ruhigen Raum gegangen.

Um eine positive Beziehungsebene herzustellen, wird auf die eigene Körperhaltung, Gestik, Wortwahl etc. geachtet, sodass der Kunde sich wohlfühlt und den Verkäufer sympathisch findet. Wenn genug Zeit mitgebracht wurde, werden erst allgemeine Fragen gestellt, wie z.B. ob man das erste Mal in einem Fitnessstudio ist oder derzeit Sport getrieben wird etc.

Falls wenig Zeit vorhanden ist, wird direkt auf die Wünsche, Ziele, Bedürfnisse und Probleme eingegangen. Somit ist man direkt in der Bedarfsanalyse. Dabei wird mit Hilfe eines vorgefertigten Fragebogens versucht, auch die unbewusste Bedürfnisse und den konkreten sowie vermuteten Bedarf zu erfassen. Des Weiteren wird eine Einwandvorbehandlung durchgeführt, sodass die eigenen Einwände der Kunden entkräftet werden können. Daraufhin geht es zur Angebotspräsentation. Dabei wird ein passendes Angebot für den Kunden zusammengestellt und ihm die für ihn relevanten Merkmalen, Vorteile und Nutzen aufgezeigt. Danach wird der Kunde gefragt, ob das Angebot seiner Vorstellung entspricht. Anschließend kommt es zur Preispräsentation. Da das Studio derzeit einen neuen Mitbewerber bekommen hat, gibt es durchgehend Preisnachlässe, was bei Kunden positive Emotionen auslöst und das Kaufrisiko verringert. Es wird ein Angebot einer Mitgliedschaft vorgestellt, woraufhin auf ein „Ja" oder „Nein" zur Mitgliedschaft gewartet wird.

Im Anschluss gibt es den Vorabschluss, worin geklärt wird, ob es noch weitere offene Fragen gibt, außerdem wird auf das Verhalten und die Sprachsignale geachtet. Wenn es dann nichts mehr zu klären gibt und der Kunde feststellt, dass diese Mitgliedschaft das Richtige für ihn ist, kommt es zum Abschluss der Mitgliedschaft. Die Mitgliedschaft wird vom Berater ausgefüllt und der Kunde unterschreibt diese. Daraufhin wird dem Kunden gratuliert, die Willkommensmappe übergeben, weitere Termine vereinbart und mit ihm noch ein kleiner Small-Talk geführt.

1.2 Vergleich mit den 13 Stufen des Verkaufs

In der folgenden Tabelle werden die Verkaufsstufen des Ausbildungsbetriebs mit den 13 Stufen des Verkaufs verglichen.

Tabelle 2: Vergleich mit den 13 Stufen des Verkaufs

1. Vorbereitung	Terminvereinbarung, Infos einholen, werden dem Berater weitergegeben, bei Walk-Ins kann nur mental auf das Gespräch vorbereitet werden.
2. Kontaktaufnahme	Begrüßung mit Handschlag, Augenkontakt, Name, positive Körpersprache.
3. Aufbau einer persönlichen Beziehung	Es wird ein Getränk angeboten, auf sympathische Körperhaltung, Gestik, Wort-

4

	wahl etc. geachtet. Falls genug Zeit mitgebracht wurde, wird zunächst ein Small-Talk geführt (schon mal im Studio gewesen, gut hergefunden? etc.).
4. Durchführung einer Bedarfsanalyse	Mit Hilfe eines Fragebogens werden Bedürfnisse, Wünsche, Ziele, Probleme etc. erfasst, Einwandvorbehandlung wird durchgeführt.
5. Durchführung einer Angebotspräsentation	Merkmale, Vorteile und Nutzen des passenden Angebots werden aufgezeigt.
6. Angebots – und Bestätigungsstufe	Es wird auf eine Bestätigung gewartet, ob das Angebot der Vorstellung entspricht.
7. Entschluss für das Fitness- und Gesundheitsangebot	Eine konkrete Frage, ob der Kunde es sich hier im Studio vorstellen könnte seine Ziele zu erreichen, wird nicht gestellt. Die Zustimmung für das Fitnessangebot fehlt also.
8. Preispräsentation für die Mitgliedschaft	Es gibt keine unterschiedlichen Mitgliedschaften, sodass sich der Kunde nicht selber entscheiden kann bzw. der Verkäufer keine unterschiedlichen oder die beste und passendste Mitgliedschaft vorschlagen kann. Es wird also nur ein Preis für die Mitgliedschaft vorgestellt.
9. „ Ja" für die Mitgliedschaft	Man wartet auf ein „Ja" der dargebotenen Mitgliedschaft.
10. Preispräsentation für das Startpaket	Diese fehlt.
11. Vorabschluss	Es werden noch offene Fragen geklärt.
12. Abschluss Mitgliedschaft	Die Mitgliedschaft wird vom Verkäufer ausgefüllt und vom Kunden unterschrie-

	ben.
13. After-Sales Phase	Dem Kunden wird gratuliert, ein Small-Talk geführt und die Willkommensmappe übergeben.

1.3 Verkaufsprozessoptimierung

Im den meisten Punkten stimmt der Verkaufsprozess mit den 13 Stufen überein. Dennoch fehlt die konkrete Stufe 7, also die Frage, ob der Kunde es sich vorstellen kann, hier in diesem Studio mit Fitness anzufangen. Dies ist eine wichtige Frage, zu der zugestimmt werden muss, um mit der Verkaufspräsentation anzufangen. Solange der Kunde nicht überzeugt ist, wird er das Angebot nicht kaufen. Hier besteht auch die Möglichkeit zu fragen, was der Kunde benötigt, um es sich vorstellen zu können.

Da im Studio keine unterschiedlichen Mitgliedschaften angeboten werden, ist es nicht möglich dem Kunden zu zeigen, welches Angebot das Richtige für ihn ist. Demnach kann der Kunden das Gefühl bekommen, dass er mit allen anderen Kunden gleichgesetzt wird, da kein 'individuelles Angebot' für ihn dargeboten wird. Die Stufe 8 sollte also so verändert werden, indem mehrere Mitgliedschaften zur Wahl stehen und der Berater dem Kunden eine passende Mitgliedschaft vorschlägt, sodass sich der Kunde entscheiden kann, welche er am besten findet. Die Stufe 9 ist also keine eigene Entscheidung, die getroffen wird, da es nur ein Mitgliedschaftsangebot gibt. Falls keine mehreren Mitgliedschaften möglich sind, müsste z.b. direkt mit einer Alternativfrage zum Starttermin weiter gemacht werden, damit der Kunde zu einer Entscheidung geleitet wird. Außerdem sollten mindestens drei Startpakete hinzugefügt werden, da diese fehlen (Stufe 10). Mit diesen drei Startpaketen sollte für alle Zielgruppen etwas vorhanden sein, was für sie sinnvoll und nützlich erscheint, um schnell und erfolgreich an ihr Ziel zu gelangen.

2 Kundenorientierung

2.1 Konzept der Selbstkonkordanz – Transformation der Modi

Im externen Modus sollte der Kunde von außen dazu veranlasst werden, Sport zu treiben, das heißt er wird zum Beispiel aufgrund von einer Bezuschussung der Krankenkassen dazu motiviert Sport zu treiben. Seine Selbstkonkordanz ist in dieser Phase noch

6

sehr niedrig, d.h. seine Zielintention, Sport zu treiben, stimmt noch kaum mit seinen persönlichen Interessen und Werten überein. Er hat keine Absicht sein Verhalten zu ändern. In diesem Modus müsste die Eigenverantwortlichkeit erhöht werden oder kurzfristige und personenbezogene Vorteile bewusst gemacht werden, um in den nächsten Modus zu gelangen. Beispielsweise könnte man den Kunden fragen, was für Vorteile er hätte, wenn er regelmäßig Sport treiben würde.

Um in den introjizierten Modus überzugehen, müsste der Kunde beispielsweise vom Arzt gesagt bekommen, dass Sport für ihn gut wäre. Ihm ist also klar, warum der Sport ihm guttun würde, da es ihm jemand deutlich gemacht hat, jedoch fehlt noch der eigene Beweggrund dafür. Damit der Kunde in diesem Modus eine Absicht bildet selber Sport zu treiben, wäre hier hilfreich, die Vorteile bzw. positive Konsequenzen hervorzuheben, die durch den Sport auftreten würden und mit den Nachteilen zu vergleichen. Weiterhin kann in diesem Modus das soziale Netz stärker einbezogen werden, dass Freunde, Bekannte etc. den Kunden unterstützen oder sich der Kunde ein Vorbild sucht, der ihn motiviert.

Wenn der Kunde in den identifizierten Modus kommen soll, muss er aus freier Entscheidung für sich selbst den Sport als wichtig ansehen. Diese Entscheidung muss auch in sein Überzeugungs- und Wertesystem passen. Sobald der Kunde selber aus eigenem Wille Sport treiben möchte, ist er im identifizierten Modus. Er erkennt seinen Nutzen, es macht ihm aber noch keinen Spaß. Sein Verhalten wird also verändert, da ihm selber deutlich wird, dass der Sport für seine Gesundheit gut tut. Hier könnte helfen, einen Handlungsplan zu erstellen (Was-, Wann-, Wie-, Wo- Plan). Das heißt auch realistische Zielsetzung und Zielformulierung. Besser könnten sogar mehrere Teilziele mit kürzerem Zeitfenster, indem das Ziel erfüllt werden soll, sein, sodass der Modus gestärkt wird und die Wahrscheinlichkeit in den nächsten zu gelangen größer wird.

Im intrinsischen Modus macht das Sporttreiben sogar plötzlich Spaß und man ist bereit sich noch mehr anzustrengen. Der Kunde treibt Sport wegen dem Selbstwillen. Um die Motivation hier zu erhöhen, kann vom Trainer regelmäßig konkretes und individuelles Lob ausgesprochen werden. Zum Schluss ist die Selbstkonkordanz sehr hoch, somit ist die Motivation zum Sporttreiben sehr hoch. Das Zielverhalten wird versucht aufrecht zu erhalten.

2.2 Kundenbindung

Ein Motivationsloch tritt bei fast jedem auf. Um dort entgegenzuwirken, wäre eine Möglichkeit direkt beim ersten Trainertermin dem Kunden davon zu erzählen bzw. die Motivationskurve aufzuzeichnen, sodass er Bescheid weiß, dass es normal ist, dass man in ein Motivationsloch kommt, da aber wieder raus kommen kann mit eigenem Willen und der Hilfe des Trainers. Des Weiteren kann der Trainier anbieten, den Kunden anzurufen, sobald er merkt, dass der Kunde in ein Motivationsloch fällt, d.h. wenn er vier bis sechs Wochen nicht mehr da war. Weiterhin könnten regelmäßige Termine für Re-Test und neue Trainingspläne angeboten werden, sodass der Kunde alle sechs Wochen mit dem Trainer einen neuen Termin hat. Dabei kommt es zu einer Rücksprache bezüglich Motivation, Zielerreichung etc. und es könnte frühzeitig eingegriffen werden, falls der Trainer merkt, dass die Motivation abnimmt.

Außerdem könnte dem Motivationsloch entgegengewirkt werden, indem die Ziele eindeutig und in kleinen Zeitfenstern definiert werden. Am besten werden einzelne Ziele Schritt für Schritt abgearbeitet, sodass der Kunde nicht überfordert ist und in kein Motivationsloch fallen kann.

Ferner können die Kunden mit Überraschungen oder Belohnungen motiviert werden. Beispielsweise bekommt der Kunde bei bestimmten Anzahlen von Check-Ins in regelmäßigen Abständen Gutscheine für Proteinshakes oder Eiweißriegel.

Wichtig ist außerdem das Lob vom Trainier an den Kunde bezüglich des regelmäßigen Daseins und der Einhaltung des Trainingsplans etc., wodurch die Motivation gesteigert werden kann und dem Motivationsloch entgegengewirkt wird.

2.3 Zusatzverkäufe

Das Unternehmen erzielt zum einen Zusatzeinkünfte im Thekenbereich durch Proteinshakes, Proteinriegel, Proteindosen und weitere Getränke. Da das Studio ein großes Bistro hat, haben die Mitglieder die Möglichkeit sich nach dem Training ein Getränk zu kaufen und sich noch kurz zu setzen. Die Proteinriegel liegen direkt am Rezeptionsbereich, die meist beim auschecken direkt noch gekauft werden.

Ein weiterer Zusatzverkauf wird durch Ernährungsseminare erlangt. Diese werden meist in den Wintermonaten bis zum Frühling alle 6 Wochen ein Mal pro Woche angeboten. So ein Seminar bietet sich gut an um zusätzliche Produkte wie Supplements zu bewerben, da hierbei erklärt wird welches Produkt beim bzw. nach dem Training Sinn macht.

Es wird eine stärkere Verbindung zu den Mitgliedern und eine neue Verkaufsbasis aufgebaut.

Des Weiteren finden ab und an interne Events statt, wie z.b. der Spinning Marathon, der über vier Stunden geht, 10 Euro kostet und die Verpflegung inklusive ist. Dieses fördert die soziale Integration und auch die Motivation.

Drei weitere, neuartige Möglichkeiten um Zusatzverkäufe zu generieren sind beispielsweise die Abonnements, wie z.b. Muskelaufbau-Abo, Eiweiß-Abo oder Entspannungs-Abo etc. Die Kunden könnten ihr individuelles und passendes Abo dazu kaufen, was zu einem monatlichen Zusatzeinkommen führt und gleichzeitige einen guten Mehrwert für die Kunden darstellt.

Weiter sind Personal Trainer Stunden gute Zusatzverkäufe. Die Motivation kann so gesteigert werden und somit auch das Ziel schneller erreicht werden.

Außerdem können zusätzlich T-Shirts, Pullover, Trainingskleidung oder auch Trainingshandschuhe mit eigenem Logo verkauft werden. Die Identifikation der Mitglieder mit dem eigenen Studio wird dadurch erhöht, was zu einem besseren Klima im Studio führt.

3 Teams, Motivation & Führung

3.1 Teamentwicklung

1. Phase: Forming

In dieser Phase der Teamentwicklung nach Tuckman kann der Teamleiter beispielsweise mit einem Kennenlernspiel das Team vorstellen und somit die Athmosphäre etwas lockern, sodass sich jeder wohlfühlt. Weiterhin sollte der Teamleiter alle Teammitglieder gut informieren bezüglich der einzelnen Aufgaben und Ziele.

2. Phase: Storming

Der Teamleiter sorgt dafür, dass eine Atmosphäre mit einem offenen Klima herrscht, sodass bei Konflikten offen darüber gesprochen werden kann, sei es untereinander oder mit dem Teamleiter. Beispielsweise könnte der Teamleiter Feedbackgespräche einführen, die entweder in der Runde stattfinden oder einzeln mit dem Teamleiter.

Weiterhin sollte der Teamleiter in dieser Phase als Antreiber fungieren, indem er konkrete Ziele vorgibt und die Aufmerksamkeit darauf lenkt, sodass erfolgreich zusammengearbeitet werden kann.

In dieser Phase ist der Teamleiter besonders gefragt, da es hier zu persönlichen Konflikten zwischen den Teammitgliedern kommen kann. Es treffen nämlich unterschiedliche Menschen aufeinander, die sich nicht kennen und gemeinsame Aufgaben zu lösen haben.

3. Phase: Norming

Eine Maßnahme könnte sein, dem Team die Teamentwicklungsphasen nach Tuckman aufzuzeichnen, ihnen zu zeigen, wo man sich derzeit befindet und was das Team von dem Teamleiter oder von sich selbst benötigt, um in die nächste Phase zu kommen. Weiter sollte der Teamleiter Mitarbeitergespräche führen, um genau herauszufinden, was die Interessen, Stärken und Bedürfnisse jedes Einzelnen sind, um die Aufgabe und Rollenverteilung genau auf das Team abstimmen zu können. Außerdem sollte der Teamleiter das Team, im Hinblick auf die Regeln für das Zusammenarbeiten, beraten.

4. Phase: Performing

In dieser Phase sollte die Führungskraft regelmäßige Besprechungen durchführen, um festzustellen, inwieweit das Ziel noch im Fokus ist und wie die Entwicklung ist.

Außerdem könnte der Teamleiter die Weiterentwicklung der einzelnen Teammitglieder fokussieren, sodass das Team noch besser aufgestellt ist.

3.2 Motivation

„Gruppenprovision sind in der Fitnessbranche die beste Möglichkeit die Mitarbeiter im eigenen Unternehmen dauerhaft zu motivieren."

Diese Aussage ist kritisch zu betrachten. Zunächst werden die Vorteile einer Gruppenprovision dargestellt. Zum einen kann dadurch die Teamarbeit unterstützt werden, da es keinen Konkurrenzkampf gibt. Des Weiteren spielen die Arbeitszeit und die Tätigkeit jedes Einzelnen keine Rolle (jeder Beitrag ist wichtig), da auch ein Trainer, der beispielsweise nur abends arbeitet auch die Gruppenprovision bekommt, obwohl er keine

Beratungen durchführt. Weiter kann der Mitarbeiter seinem Kollegen den Termin übergeben, ohne dadurch einen Nachteil zu erlangen.

Dennoch gibt es bei Gruppenprovisionen auch Nachteile, zum einen gibt es keine direk-
te Belohnung der Leistung, wodurch die Anerkennung guter Leistung fehlt, was zur
Demotivation führen kann. Zum anderen kann dies zur ungerechten Geldverteilung führen, bezüglich der Arbeitsstunden, Qualifikation, Tätigkeit und Zuverlässigkeit.

3.3 Führung

Beim Fallbeispiel 1 handelt es sich um einen direktiven Führungsstil. Dieser Stil zielt
auf Gehorsam ab und stellt dem Team ganz klare Anweisungen. Außerdem wird das
Team streng überwacht.

Im Fallbeispiel 2 wird ein affiliativer Stil dargestellt. Das Team arbeitet sehr harmo-
nisch miteinander. Wichtig sind hier die persönliche Wertschätzung und die Zustim-
mung von allen Teammitgliedern. Es herrscht eine vertrauensvolle Zusammenarbeit und
Einigkeit.

4 Kennzahlen im Vertrieb

4.1 Kennzahlen im Vertrieb

Telefonquote (nach Schlaffke & Plünnecke, 2014, S.74):

$$\frac{\text{Anzahl der vereinbarten Beratungstermine}}{\text{Anzahl der Interessentenanrufe}} \times 100$$

April: 24 / 27 x 100 = 88,89%

Mai: 22 / 25 x 100 = 88 %

Juni: 17 / 20 x 100 = 85 %

Termineinhaltungsquote (nach Schlaffke & Plünnecke, 2014, S.74):

$$\frac{\text{Anzahl der erschienenen Beratungstermine}}{\text{Anzahl der vereinbarten Beratungstermine}} \times 100$$

April: 22 / 24 x 100 = 91,67 %

Mai: 19 / 22 x 100 = 86,36 %

Juni: 12 / 17 x 100 = 70,59 %

Abschlussquote (nach Schlaffke & Plünnecke, 2014, S.75):

$$\frac{\text{Anzahl der abgeschlossenen Mitgliedschaften}}{\text{Anzahl der durchgeführten Beratungen}} \times 100$$

April: 20 / 22 x 100 = 90,91 %

Mai: 15 / 19 x 100 = 78,95 %

Juni: 7 / 12 x 100 = 58,33 %

4.1.1 Graphische Darstellung der Kennzahlen im Zeitvergleich

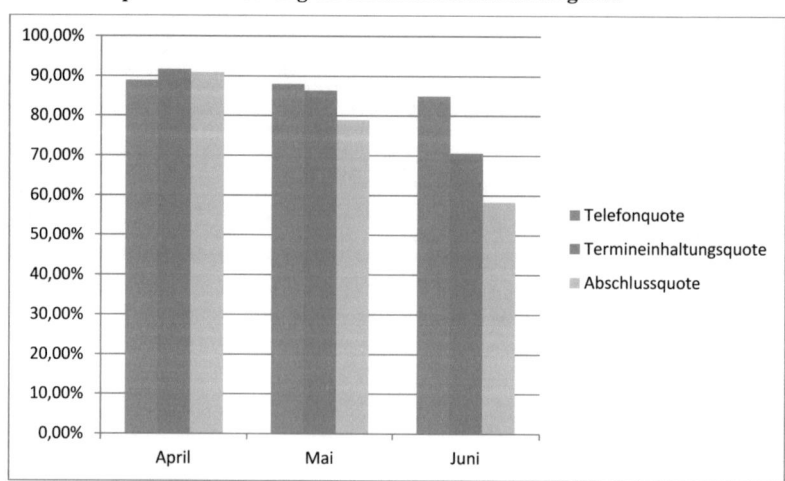

Abbildung 1: Entwicklung der Kennzahlen in den dargestellten Monaten

12

Zu sehen ist, dass sich die Telefonquote über die drei dargestellten Monate kaum verändert hat. Generell ist die Telefonquote in dem Vertrieb sehr gut. Dies ist damit zu begründen, dass das Team im Service gut geschult ist und das Ziel bei einem Anruf immer die Terminvereinbarung ist.

Weiterhin ist deutlich, dass die Termineinhaltungsquote im Juni stärker gesunken ist. Das kann daran liegen, dass in den Sommermonaten aufgrund des guten Wetters, die Kunden schneller den Termin absagen bzw. nicht wahrnehmen, als bei schlechtem Wetter. Im Allgemeinen ist die Termineinhaltungsquote hoch, was gute Chancen für die Abschlussquote bringt.

Die Abschlussquote im Studio ist in den Monaten April und Mai sehr hoch, da die Berater sehr gut geschult sind und der Betrieb in diesen Monaten Aktionen mit Preisnachlässen hatte. Dennoch ist zu sehen, dass im Monat Juni die Abschlussquote gesunken ist. Der Grund dafür kann der neue Mitbewerber sein.

4.2 Fluktuationsquote

Fluktuationsquote (nach Schlaffke & Plünnecke, 2014, S.75):

$$\frac{\text{Anzahl der Abgänge}}{\text{Durchschnittlicher Mitgliederbestand}} \times 100 \quad \rightarrow \quad \frac{350}{900} \times 100 = 38,88\,\%$$

Bei einer Senkung der Fluktuationsquote von 5 % wären das: 38,89% - 5% = 33,89% Fluktuationsquote. Das heißt die Anzahl der Abgänge wäre dann:

$$\frac{\text{Durchschnittlicher Mitgliederbestandteil} * \text{Fluktuationsquote}}{100}$$

$$\rightarrow \quad \frac{900 * 33,89\%}{100} = 305 \text{ Abgänge}$$

Das ist ein Unterschied von 45 Mitgliedern. Der Mitgliedsbeitrag liegt bei 44 Euro pro Monat. Das ist ein Mehrumsatz von: 45 Mitglieder * 44 Euro * 12 Monate = 23760 Euro in einem Geschäftsjahr.

5   Literaturverzeichnis

Prof. Dr. phil. Schlaffke, W. & Prof. Dr. rer. Pol. Plünnecke, A. (2014). *Studienbrief „Verkaufsmanagement"*. Saarbrücken: Deutsche Hochschule für Prävention und Gesundheitsmanagement.

6   Abbildungs- und Tabellenverzeichnis

6.1 Abbildungsverzeichnis

6.2 Tabellenverzeichnis